AF591650

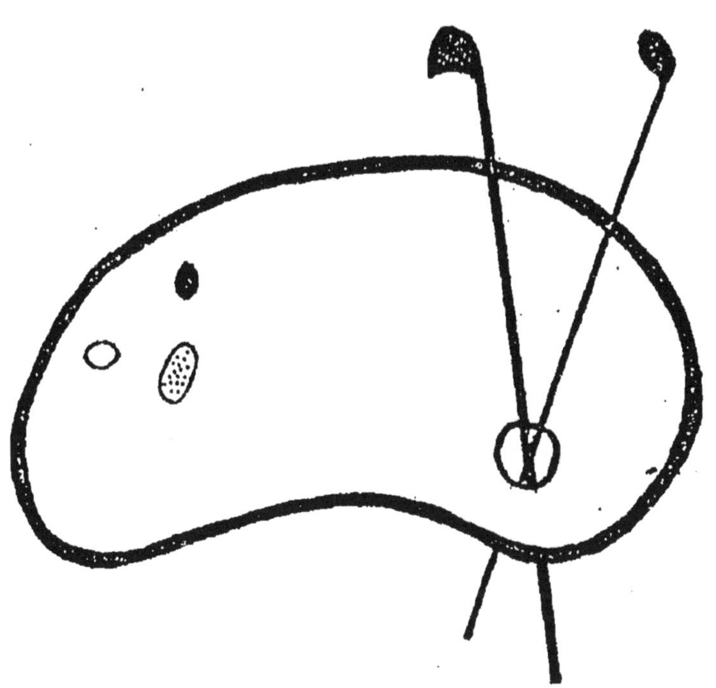

6 FEVR. 1914

Vente du Vendredi 6 Février 1914.

HOTEL DROUOT — SALLE N° 8

à Deux heures.

ESTAMPES

principalement

De l'ÉCOLE FRANÇAISE du XVIIIe siècle

et quelques pièces anglaises

appartenant à divers Amateurs

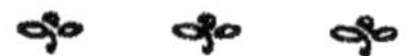

EXPOSITION PUBLIQUE

Le Jeudi 5 Février 1914

de 1 h. 1/2 à 6 heures.

Commissaire-Priseur :

Me F. LAIR DUBREUIL, 6, rue Favart.

Experts :

M. M. PAULME	et	M. M. B. LASQUIN fils
10, rue Chauchat, PARIS		11, rue Grange-Batelière, PARIS

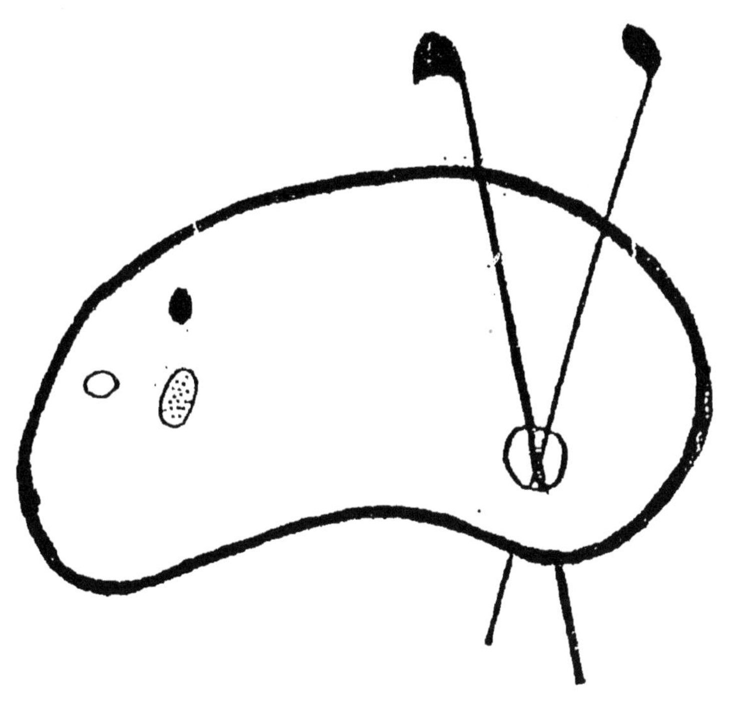

FIN D'UNE SERIE DE DOCUMENTS
EN COULEUR

CATALOGUE

des

ESTAMPES

principalement

De l'ÉCOLE FRANÇAISE du XVIIIe siècle

et quelques pièces anglaises

Imprimées en noir et en couleurs

Dont la Vente aux enchères publiques
aura lieu

HOTEL DROUOT — SALLE N° 8

Le Vendredi 6 Février 1914, à 2 heures précises.

Par le ministère de

Me F. LAIR DUBREUIL, *Commissaire-Priseur*
6, rue Favart.

Assisté des Experts :

M. M. PAULME et M. M. B. LASQUIN fils,
10, rue Chauchat. 11, rue Grange-Batelière.

EXPOSITION PUBLIQUE,

Le Jeudi 5 Février 1914, de 1 h. 1/2 à 6 heures.

CONDITIONS DE LA VENTE

Elle aura lieu au comptant.

Les adjudicataires paieront *dix pour cent* en sus des prix d'adjudication.

L'ordre numérique du Catalogue sera suivi.

N.-B. Les amateurs pourront en dehors de l'exposition publique examiner les estampes, dans la salle de Vente, le matin du jour de la vacation, de 9 h. 1/2 à midi.

Paris. – Imprimerie FRAZIER-SOYE, 153-155, rue Montmartre

DÉSIGNATION

AUGRAND (P.)

1-4. — *La Bouquetière.* — *La Glaneuse.* — *La Vendangeuse.* — *La Frileuse.*

Suite de quatre pièces en couleurs, allégories des *Saisons*, d'après Dubrusle. Marge.

BANCE (chez)

5. — *Le Printemps.* — *L'Été.*

Deux petits sujets en couleurs sur la même planche. Marge.

BARTHE (d'après G. de la)

6. — *Vue du bain de Cerebrensky.* ., par Eichler.

En noir. Marge.

BARTOLOZZI (F.)

7. — *The Cottagers*, d'après Sir J. Reynolds.

Très belle épreuve, imprimée en couleurs. Grande marge.

BAUDOUIN (d'après P.-A.)

8-9. — *Les Amours champêtres.* — *Les Amants surpris.*

Deux pendants, par Choffard. Petite marge.

10. — *Les Amours champêtres*, par Choffard.

Petite marge. (En feuille).

11. — *Le Danger du tête-à-tête*, par Simonet.

Belle épreuve. (Encadrée).

12. — *Le Danger du tête-à-tête*, par Simonet.

13. — *Le fruit de l'Amour secret*, par Voyez junior.

Très belle épreuve ; très grande marge.

14. — *Jusques dans la moindre chose...*, par Masquelier.

Belle épreuve, marge.

15. — *Marchez tout doux, parlez tout bas*, par Choffard.

Très belle épreuve. Marge.

16. — *Marchez tout doux, parlez tout bas*, par Choffard.

Epreuve remargée.

17-20. — *Le Matin.* — *Le Midy.* — *Le Soir.* — *La Nuit.*

Suite de quatre pièces en noir, par de Ghendt.

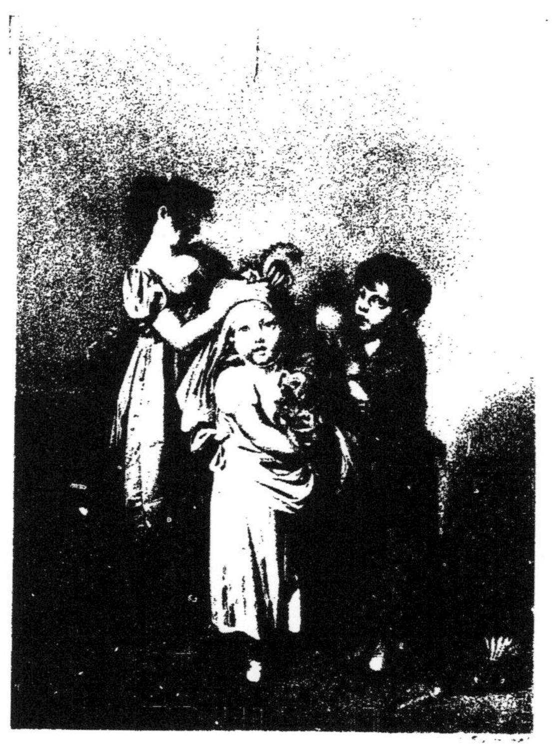

N° 32.

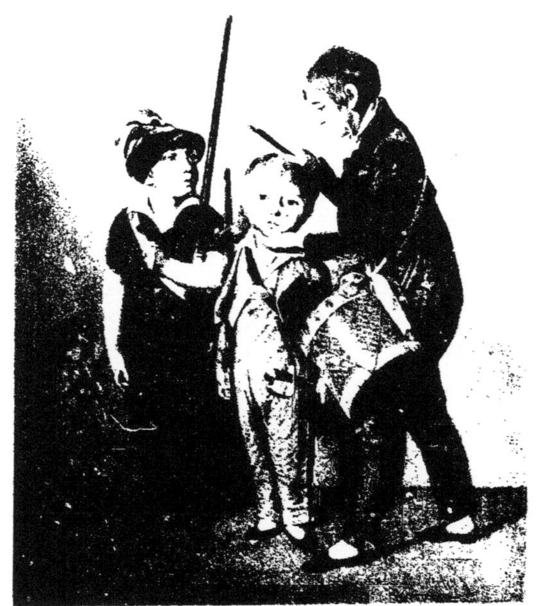

N° 31.

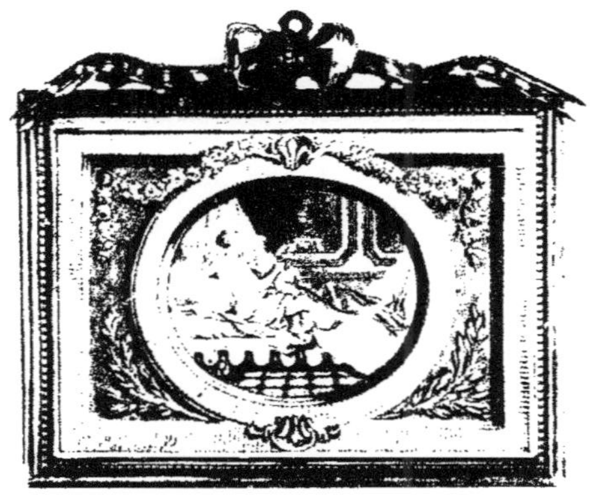

N° 35.

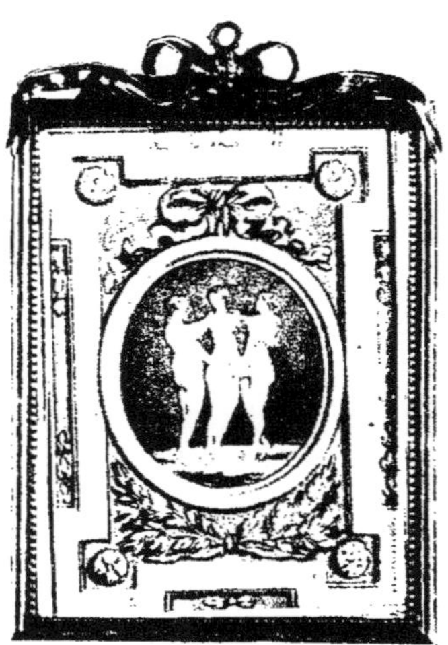

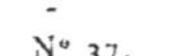

N° 37.

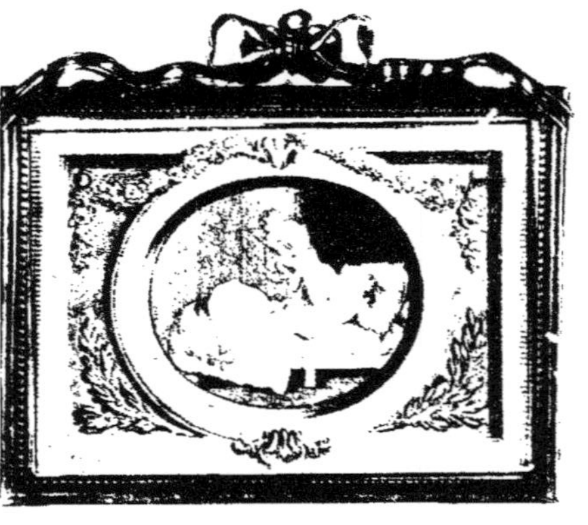

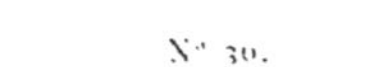

N° 36.

21. — *Les Soins tardifs*, par de Launay.

Epreuve remargée.

BELLANGÉ et CHARLET

22. — Album renfermant quarante-trois lithographies extraites de publications illustrées. Cartonné.

BOILLY (d'après L.)

23. — *Les Grimaces.*

Neuf lithographies coloriées de la suite.

24-25. — *Les hommes se disputent. — Les femmes se battent.*

Deux pendants en couleurs, par Chaponnier. Marge.

26. — *La Pièce curieuse*, par Darcis.

En couleurs, grande marge.

27. — *Les Croyables, au Pérou*, par Tresca.

En couleurs, grande marge.

28. — *L'Amant favorisé*, par Chaponnier.

Belle épreuve en couleurs. Marge.

29. — *La Comparaison des petits pieds*, par Chaponnier.

30. — *Prélude de Nina.*

Pièce imprimée en couleurs, ovale, publiée chez Fillion et Valmont. Grande marge

31-32. — *Les Petits Soldats.* — *Les Petites Coquettes.* — Deux pendants, par J.-M. Gudin.

Superbes et très fraiches épreuves, imprimées en couleurs. Marge.

BONNET (L.)

33-34. — *Le Bain.* — *La Toilette.*

Deux pendants, imprimés en couleurs, d'après Jollain. Marge.

35-36. — *Vénus et l'Amour.* — *La Chemise enlevée.*

Deux petites gravures en médaillons ovales dans des encadrements rectangulaires, à la sanguine et crayon noir avec fond d'or, d'après Boucher. Petites pièces rarissimes. Cadres anciens en argent à nœud de ruban.

37. — *Les Trois Grâces*, d'après Boucher.

Petite pièce de la même suite que les deux précédentes. Rarissime. Cadre ancien en argent, à nœud de ruban.

BOUCHER (d'après Fr.)

38-39. — *Pastorale.* Pièce en couleurs. — *Sylvie délivrée par Aminte*, par Gaillard.

En noir. Deux pièces.

40-41. — *Pastorales.*

Deux pendants en noir. Rognées.

42. — *Seconde Vue des environs de Charenton*, par J.-Ph. Le Bas.

Belle épreuve : grande marge.

43-44. — *La Marchande d'Œufs. — La Vendangeuse.*

Deux gravures en noir, par J. Daullé.

45-46. — *De trois choses en ferez-vous une? — Elle mord à la grappe.*

Deux pièces en noir, par J. Pasquier.

47. — *Les Délices de l'Automne*, par J. Daullé.

En noir.

48. — *La Belle Dormeuse*, par Ryland.

En noir, petite marge.

49-51. — *L'Air. — L'Eau. — La Terre.*

Trois pièces de la suite des *Eléments*, par J. Daullé.

52. — *Amours*, par Aveline et Huquier.

Cinq pièces.

53. — *Le Sommeil interrompu*, par Beauvais.

Belle épreuve, grande marge.

54. — *Le Sommeil interrompu*, par L. Bonnet (n° 190). 140

A la sanguine. Marge.

55. — *L'Amour enchaîné par les Grâces*, par Beauvarlet.

En noir, marge.

56-57. — *La Bonne mère.* — *La Crémière.* — Deux pendants, par Ingram.

Très belles épreuves. Grande marge.

58. — *Vierge et Enfant-Jésus*, par L. Bonnet.

Epreuve aux crayons noir et blanc sur papier gris.

59. — *Pastorale*, par Demarteau.

A la sanguine. Rognée.

BUCK (d'après Adam)

60. — *Dancing Girls.*

Deux pièces imprimées en couleurs, gravées par Robert et J. Stadler. Petite marge.

CANOT (d'après)

61. — *Le Souhait de la bonne année au grand papa*, par J. Ph. Le Bas.

Très belle épreuve. Petite marge.

62. — *Le Maître de danse*, par Le Bas.

Superbe épreuve, avec toute sa marge.

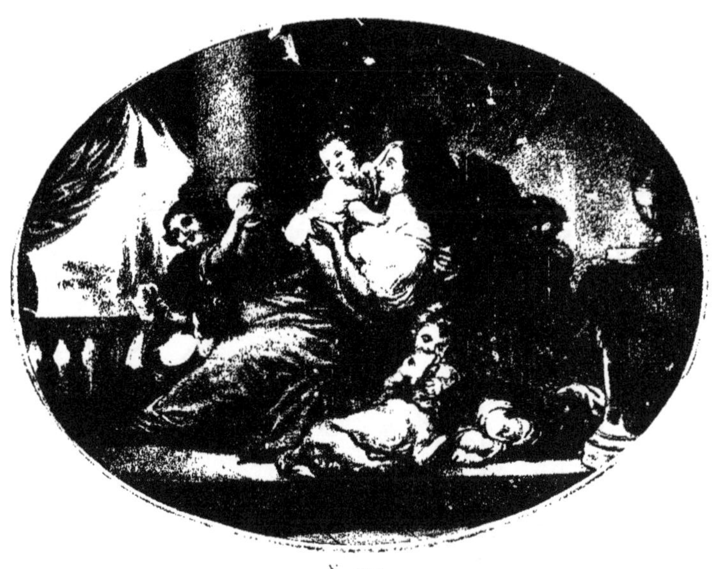

N° [illegible]

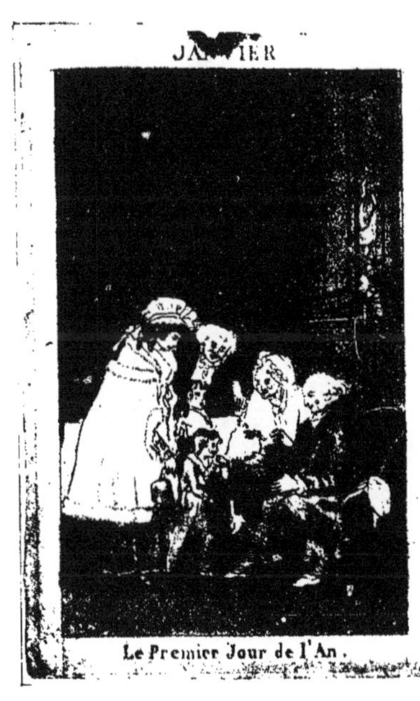

Le Premier Jour de l'An.

N° 74

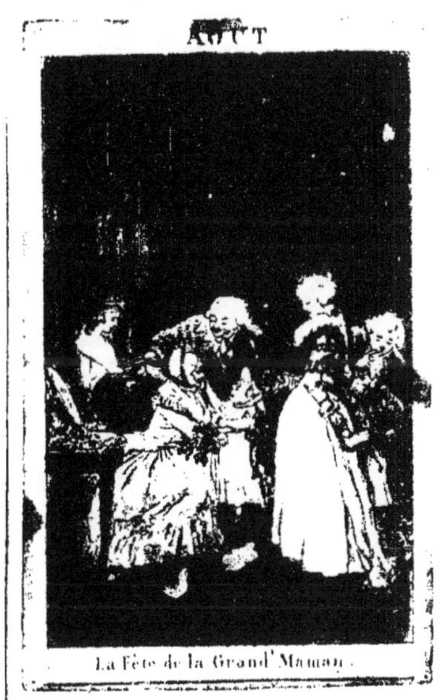

La Fête de la Grand'Maman.

N° 74

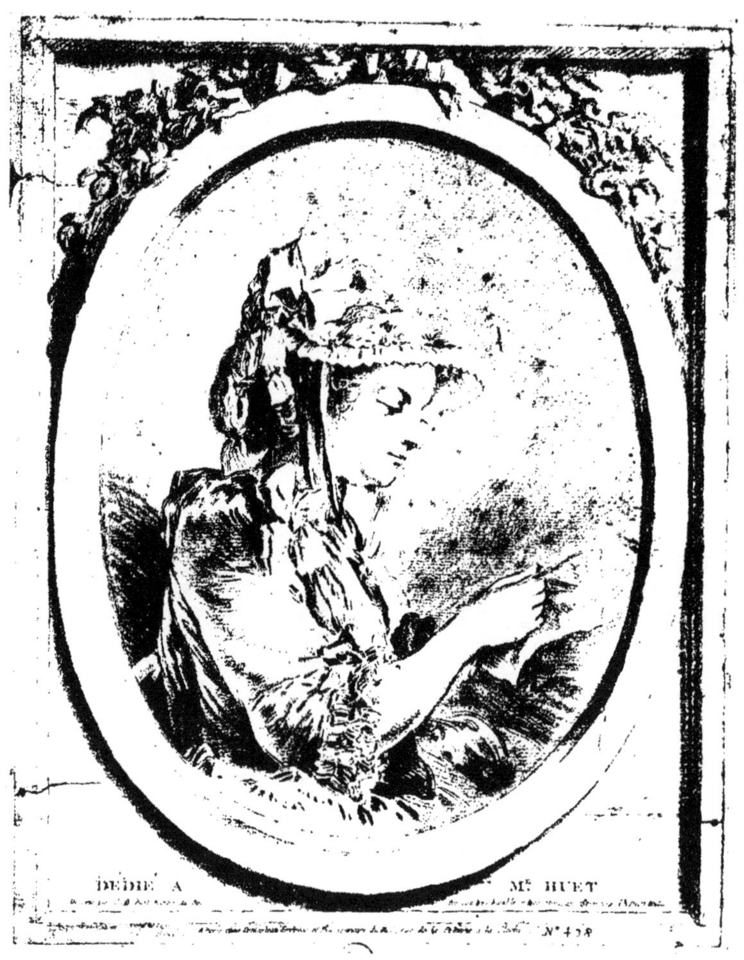

N° 70.

COCHIN LE FILS (d'après N.)

63-64. — *Le Camouflet.* — *Le Château de Cartes.* Deux pendants, par N. Dupuis.

Très belles épreuves. Petite marge.

COCHIN et WATTEAU (d'après)

65-66. — *Le Plaisir des bonnes gens*, par Mme Lingée. — *Fillette dormant*, par Dargenville.

Deux pièces à la sanguine. Marge.

COSTUMES

67. — Recueil de Costumes Civils, militaires et autres dans tous les temps et tous les pays. Environ 108 planches en couleurs. Dans un carton.

COSTUMES PARISIENS

68. — Environ vingt-cinq pièces coloriées de la suite du Costume parisien, des premières années du XIXe siècle.

DEBUCOURT (P. L.)

69. — *Hero et Léandre.*

Deux pièces de la suite imprimées en couleurs. Marge.

70. — *Famille écossaise. — Artilleur et chasseur anglais. — Cosaques au bivac. — Militaires de la garde Impériale Russe et Allemande.*

Quatre pièces en couleurs, d'après C. Vernet. Marge.

71. — *Route de Poissy*, d'après C. Vernet.

En couleurs. Marge.

72. — *La Marchande de Saucisses*, d'après C. Vernet.

En couleurs. Marge.

73. — *La Croisée.*

Très belle épreuve en couleurs, avec l'adresse de Depeuille. Marge. Cadre ancien.

74. — *Le Premier jour de l'an* (Janvier). — *La Fête de la Grand'maman* (Août).

Deux charmantes et rares petites pièces, par Levachez, réductions rectangulaires en contrepartie des grandes pièces ovales du Maitre : Le Compliment et les Bouquets. Elles sont tirées d'un petit almanach publié en 1791, ayant pour titre : **Les Etrennes du Jour de l'an, ou le Cadeau sans prétention.** (M. Fenaille N° 16 et note). Très belles épreuves imprimées en couleurs. Petite marge.

DEMARTEAU (G.)

75. — *Jeux d'Amours*, d'après F. Boucher.

Deux sujets sur la même planche. Sanguine. Marge.

76. — *Portrait de Madame Huet, lisant*, d'après J.-B. Huet.

Très belle épreuve aux trois crayons. (N° 408).

77. — *Pastorale. — Grande Pastorale.*

Deux estampes faisant pendants, d'après J.-B. Huet. (Nos 602-616). Superbes et très fraîches épreuves, imprimées en couleurs. Grande marge.

78. — *Idylle. — Le Premier Navigateur.*

Deux estampes inspirées des œuvres de S. Gessner, d'après Le Barbier l'aîné (Nos 622-623). Superbes et très fraîches épreuves, imprimées en couleurs. Grande marge.

DESFOSSÉS

79. — *La Reine annonçant à Mme de Bellegarde, des Juges et la liberté de son mari...* par J. Duclos.

Très belle épreuve, grande marge.

DIVERS

80. — *Children releiving a beggar boy*, d'après Beachy. — *La Fileuse flamande*, d'après Téniers. — *La Galerie royale* des Gobelins, d'après Le Clerc.

Trois pièces encadrées.

81. — Sous ce numéro seront vendus quelques lots d'estampes non cataloguées.

DREVET (P.)

82. — *Christine, Caroline de Wurtenberg, margrave de Brandebourg.*

Très belle épreuve. Marge.

DROUAIS (d'après F.-H.)

83. — *Le Comte d'Artois, enfant et Mlle Clothilde sa sœur*, par Beauvarlet.

Très belle épreuve. Marge.

84-85. — *Les Enfants du Duc de Béthune*, par Beauvarlet. — *Les Enfants du Prince de Turenne*, par Melini.

Deux pendants. Superbes épreuves. Marge.

86-87. — *Les Bulles de Savon.* — *Les Châteaux de Cartes.* Deux pendants par M.-L. A. Boizot.

Très belles épreuves, marge. Cachets de Collection.

EARLOM (Richard)

88. — *The Porter and hare*, d'après Zoffany.

Manière noire. Marge.

EISEN LE PERE (d'après)

89. — *Amusement de la Jeunesse*, parM. S. Carmona.

Tres belle épreuve, grande marge.

EISEN (d'après Ch.)

90. — *La Belle Nourrice*, par de Longueil.

Très belle épreuve. Petite marge.

91. — *Le Bouquet*, par R. Gaillard.

Très belle épreuve. Marge.

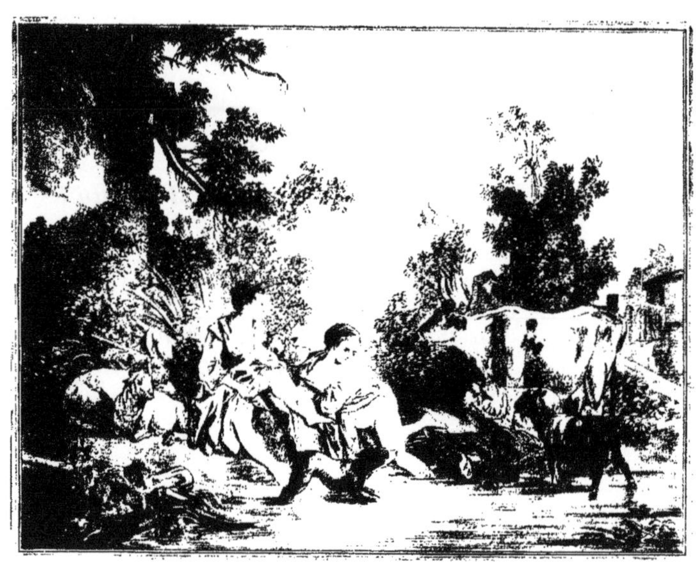

N° 77.

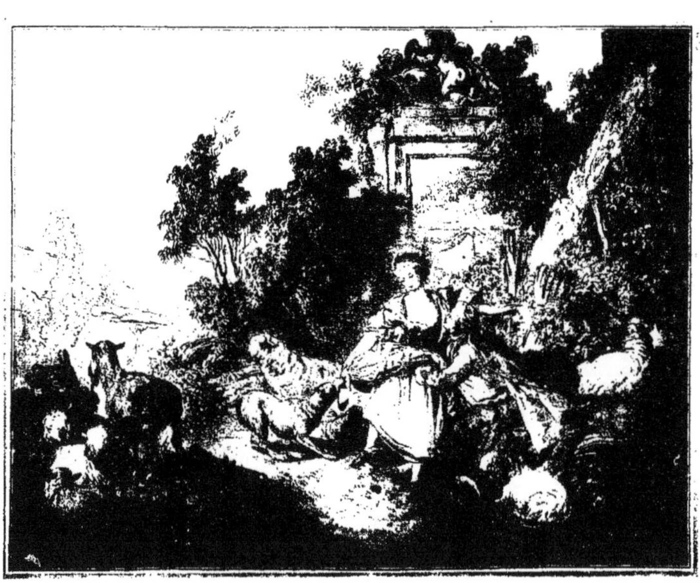

N° 77.

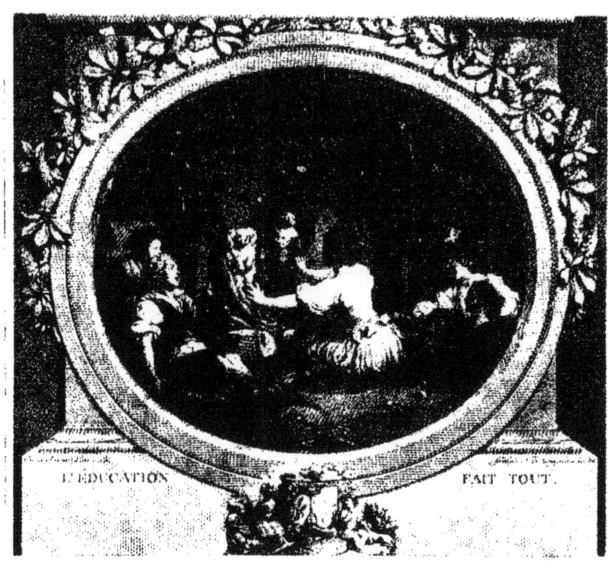

N° 98.

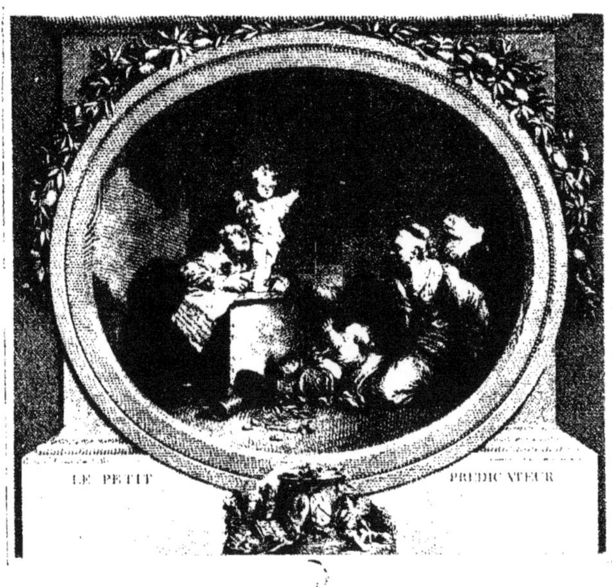

N° 61.

92. — *La Nuit*, par Patas.

Rognée.

FRAGONARD (d'après H.)

93. — *Le Baiser*, par Marchand.

Bonne épreuve.

94. — *La Bascule*, par Beauvarlet.

Belle épreuve, petite marge.

95. — *La Bonne mère*, par N. de Launay.

Superbe épreuve, **avant la dédicace** et avant l'adresse. Marge

96. — *La Bonne mère.*

Petite pièce ovale sur fond équarri, sans nom de graveur. Très belle épreuve. Grande marge.

97. — *La Famille du fermier*, par Beauvarlet.

Très belle épreuve avant toutes lettres. Petite marge.

98. — *L'Education fait tout*, par N. de Launay.

Superbe épreuve **avant la dédicace**, avec les noms à la pointe sous le trait carré. Marge.

99. — *Le Petit Prédicateur*, par N. de Launay.

Superbe épreuve, **avant la dédicace**, avec les noms à la pointe sous le trait carré. Marge.

100. — *L'Heureuse fécondité.*

Petite pièce ovale sans nom de graveur. Superbe et rare épreuve, **imprimée en couleurs**, avant toutes lettres. Grande marge.

101. — *Les hazards heureux de l'Escarpolette*, par de Launay.

Très belle épreuve de la planche carrée. Petite marge.

102-103. — *L'Armoire. — Le Verrou.*

Deux pendants par Le Campion. Imprimées en couleurs avec rehauts. Petite marge. (Vente Valentin).

FRAGONARD et LE PRINCE (d'après)

104-105. — *Les Baignets* (sic). — *L'Enfant chéri.*

Deux estampes faisant pendants par de Launay. Marge.

FREUDEBERG (d'après S.)

106. — *La Complaisance maternelle*, par N. de Launay.

Très belle épreuve. Petite marge.

107. — *La Complaisance maternelle*, par de Launay.

Belle épreuve. Petite marge.

108. — *L'Evènement au bal*, par Duclos et Ingouf.

Belle épreuve. Marge. Cadre ancien.

GÉRARD (d'après Mlle)

109-110. — *La Lettre désirée.* — *Le Bouquet inattendu.*

Deux pendants par H. Gérard. Cadres anciens.

GREUZE (d'après J.-B.)

111. — *La Privation Sensible*, par J.-B. Simonet.

Très belle épreuve. Marge.

112-113. — *L'Accordée de Village.* — *La Piété filiale.*

Deux pendants par Mirel.

114. — *Les Enfants surpris*, par Elluin.

Très belle épreuve. Petite marge.

115-116. — *La Pelotoneuse.* — *La Tricoteuse.*

Deux charmantes pièces faisant pendants, gravées par C.-D. Jardinier. Superbes épreuves. Marge.

117. — *La Petite fille à la poupée*, par P. C. Ingouf.

Très belle épreuve. Petite marge.

118. — *La Petite fille au chien*, par Porporati.

Très belle épreuve. Grande marge.

HILAIRE (d'après J.-B.)

119. — *L'Esclave heureux*, par J. Mathieu.

HOIN (d'après Cl.)

120. — *La Tendre Amitié*, par Demonchy.

Marge.

121. — *L'Ecueil de la Sagesse.* — *La Tendre amitié.*

Deux pendants en noir.

HUET (d'après J.-B.)

122. — *L'Accord Maternel*, par L. Bonnet.

Superbe épreuve imprimée en couleurs. Marge.

123. — *L'Amant écouté* — *L'Eventail cassé.*

Deux pendants, imprimés en couleurs. Marge.

124. — *La Belle cachette*, par L. Bonnet.

Très belle épreuve, imprimée en couleurs, avant la lettre. (Vente Surmont).

125. — *L'heureux chat*, par L. Bonnet.

Très belle épreuve, imprimée en couleurs. Remargée. (Vente Surmont).

126-127. — *Etudes d'animaux*, par L. Bonnet.

Deux pendants imprimés en couleurs. Marge.

128. — *La Bonne Chienne*, par L. Bonnet.

Très belle épreuve, imprimée en couleurs. Marge.

129. — *La Bouillie aux chats*, par L. Bonnet (1024).

Très belle épreuve, imprimée en couleurs. Grande marge.

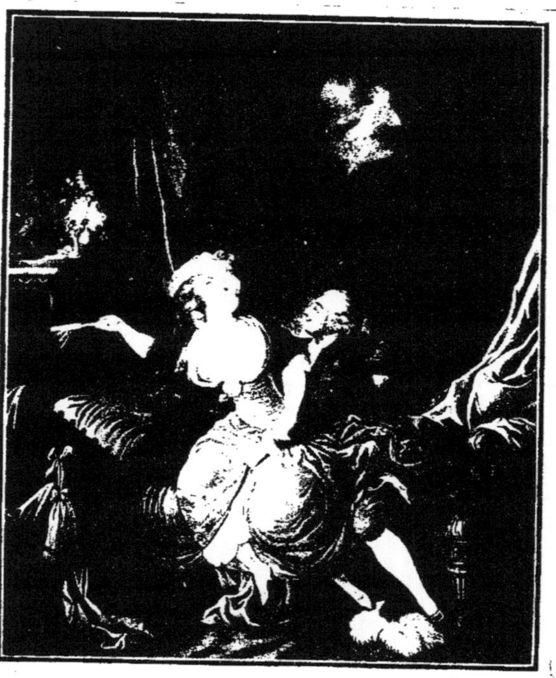

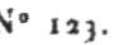

N° 123.

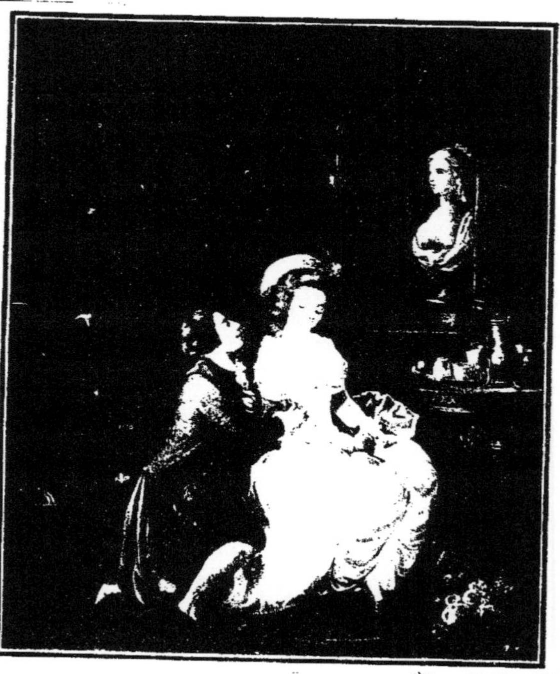

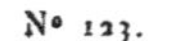

N° 123.

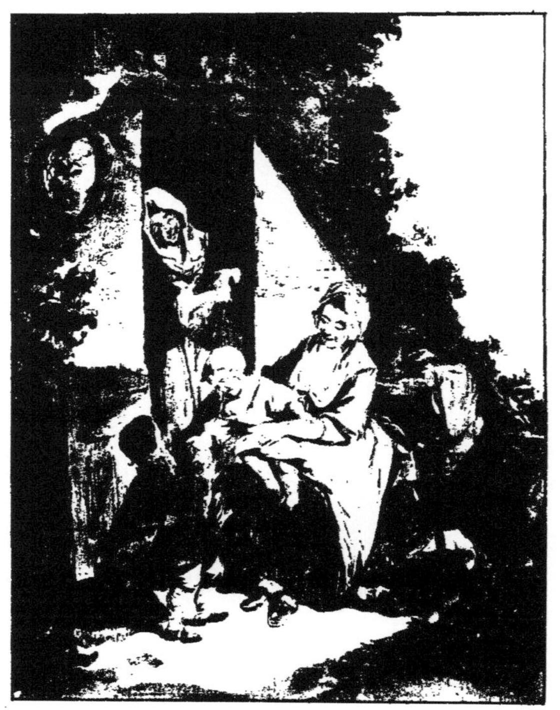

N° 151.

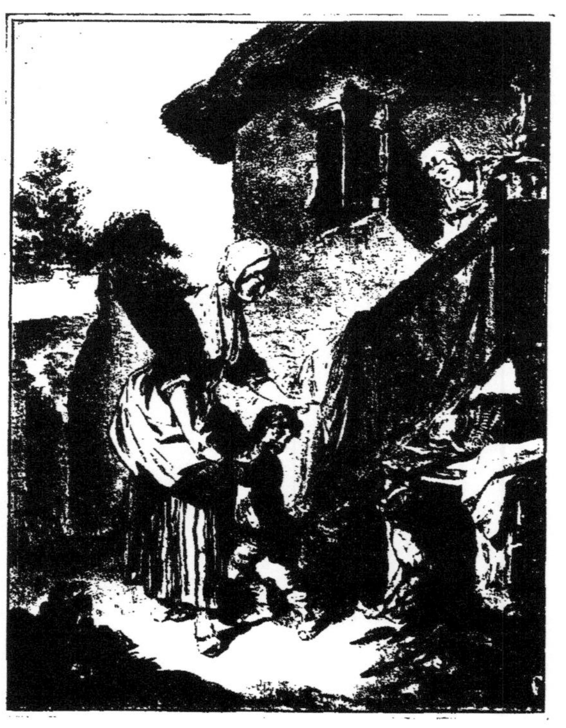

N° 152.

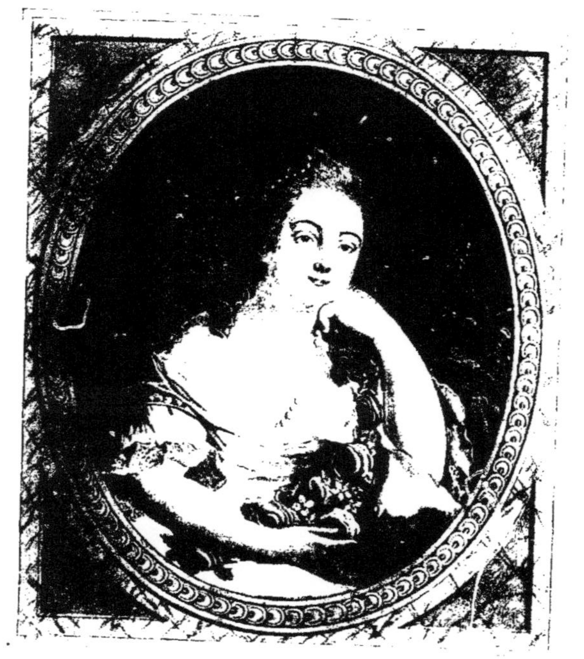

N° 154.

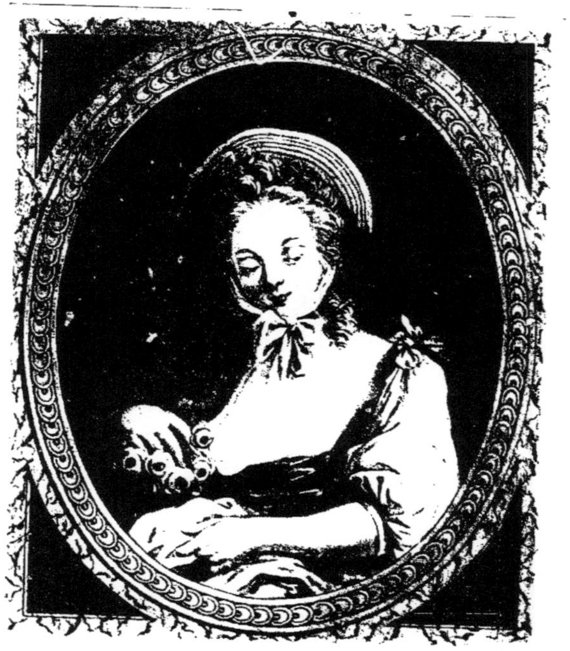

N° 153

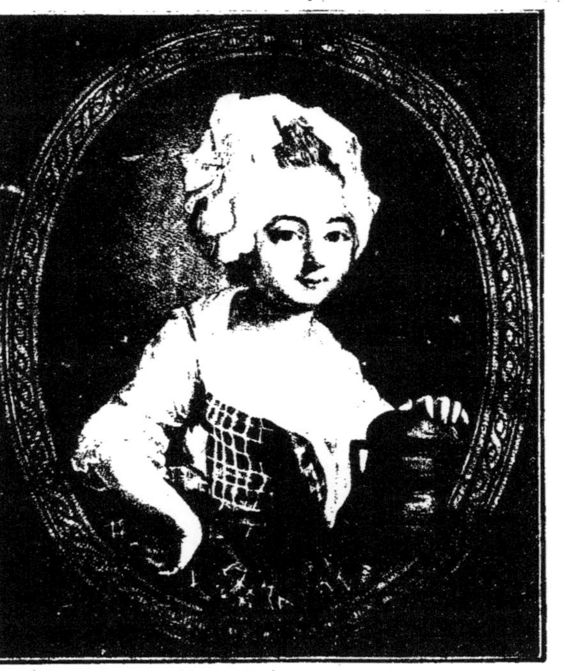

N° 191.

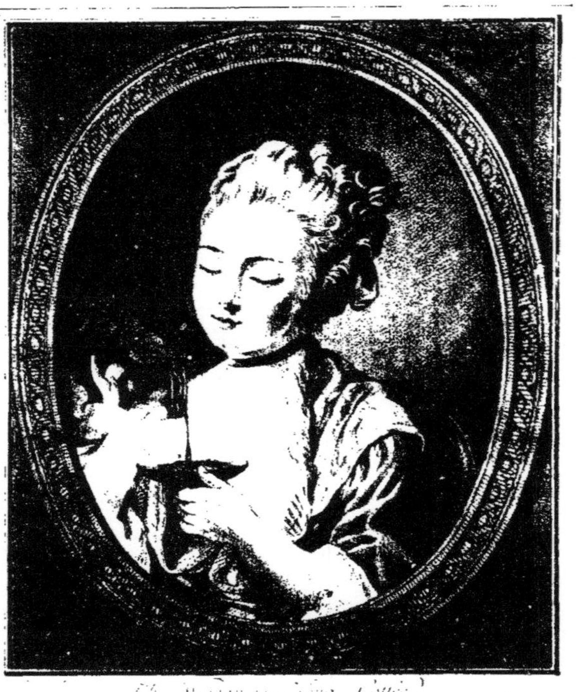

N° 190.

130. — *Les Bulles de savon*, par L. Bonnet.

Belle épreuve imprimée en couleurs. Sans marge.

131. — *La Chèvre Bien Aimée*, par L. Bonnet.

Très belle épreuve, imprimée en couleurs. Marge.

132. — *Le Coq secouru*, par L. Bonnet.

Très belle épreuve, imprimée en couleurs. Marge.

133. — La même estampe.

Belle épreuve. Sans marge.

134. — *Les Echasses*, par L. Bonnet.

Très belle épreuve imprimée en couleurs. Marge.

135. — La même estampe.

Belle épreuve sans marge.

136. — *Le Frère donne des Étrennes à sa sœur*, par L. Bonnet (N° 1040).

Superbe épreuve imprimée en couleurs. Grande marge.

137. — *La Sœur donne des étrennes à son frère*, par L. Bonnet, 1791 (N° 1041).

Superbe épreuve imprimée en couleurs. Grande marge.

138. — *Le Jeu du Ballon*, par Auvray (N° 1043).

Très belle épreuve, imprimée en couleurs. Marge.

139. — *Le Petit Château de Cartes*, par L. Bonnet.

Superbe épreuve, imprimée en couleurs. Marge.

140. — La même estampe.

Belle épreuve sans marge.

141. — *Le Petit Cavalier*, par L. Bonnet.

Très belle épreuve imprimée en couleurs. Marge.

142. — *Les Petits gourmands*, par L. Bonnet (102).

Superbe épreuve, imprimée en couleurs. Grande marge.

143. — *Le Petit Sabot*, par L. Bonnet (29).

Très belle épreuve, imprimée en couleurs. Grande marge.

144. — *La Peinture*, par Mallet (N° 1065).

Superbe et rare épreuve, imprimée en couleurs. Grande marge.

145. — *La Sculpture*, par Mallet (1067).

Superbe et rare épreuve, imprimée en couleurs. Grande marge.

146. — *Départ pour le Siège de la Bastille*, par L. Bonnet.

Superbe épreuve imprimée en couleurs. Marge.

147. — *La Petite Attaque, ou la petite Bastille*, par Bonnet.

Très belle épreuve, imprimée en couleurs. Marge.

148. — *Le Point d'honneur ou le petit Duel*, par L. Bonnet.

Superbe épreuve imprimée en couleurs. Marge.

149. — *Le Tambour National*, par L. Bonnet.

Superbe épreuve, imprimée en couleurs. Grande marge.

JANINET (F.)

150. — *L'Amour rendant hommage à sa mère*, d'après Charlier.

Très belle épreuve, imprimée en couleurs. Remargée.

151-152. — *La Confiance enfantine. — La Crainte enfantine.*

Deux pendants, d'après S. Freudeberg.
Superbes épreuves, imprimées en couleurs. Marge.

153. — *L'Aimable Paysane*, d'après St Quentin.

Superbe et très fraîche épreuve, imprimée en couleurs. Marge.

154. — *L'Agréable négligé*, d'après Baudouin.

Superbe et très fraîche épreuve, imprimée en couleurs. Marge.

155-156. — *L'Aimable paysanne. — La Compagne de Pomone.*

Deux pièces ovales, imprimées en couleurs, d'après Saint-Quentin. Rognées.

JAZET (par et d'après)

157. — *L'Officier polonais chez un marchand de chevaux.*

En couleurs. Marge.

158. — *Le Manège en hyver.*

En couleurs, grande marge.

JEAURAT (d'après E.)

159. — *L'Exemple des mères*, par Lucas.

Superbe épreuve. Grande marge.

JUBIER

160. — *La Confidence*, d'après Bounieu.

Belle épreuve imprimée en couleurs. Marge. Cadre ancien.

KÖNIG (d'après)

161. — *Costumes suisses.*

Deux pièces en couleurs. Marge.

LAGRENÉE (d'après)

162-163. — *Premier âge de l'Amour. — Punition de l'Amour.*

Deux pendants, par J. Bouillard. Marge.

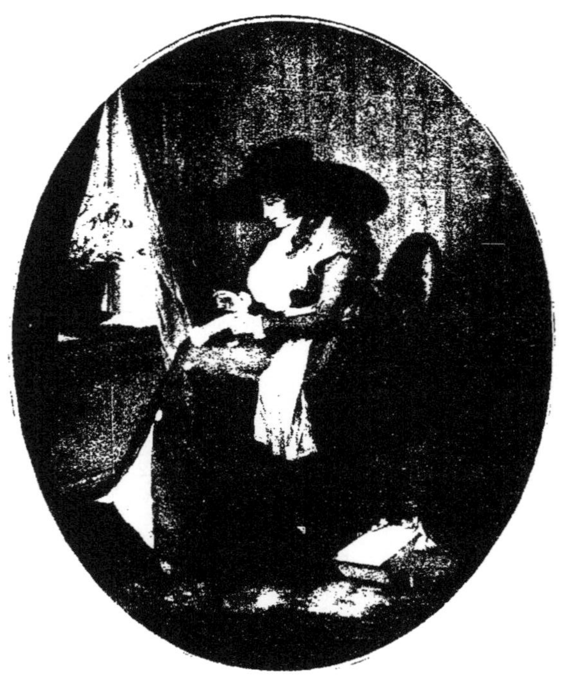

N° 190.

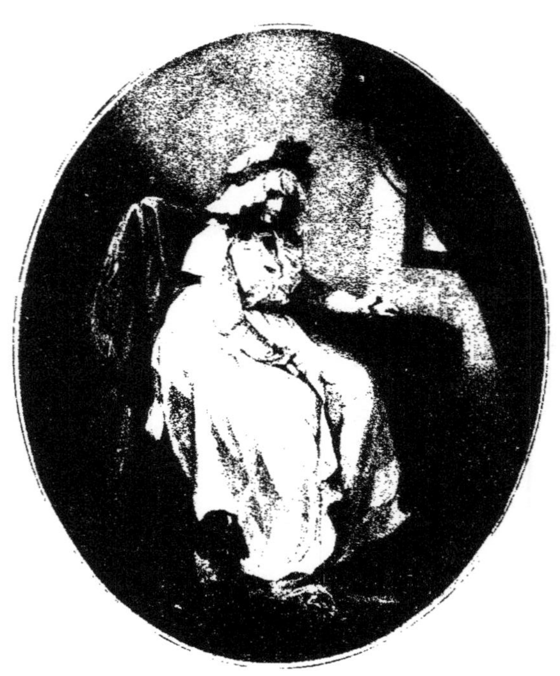

N° 197.

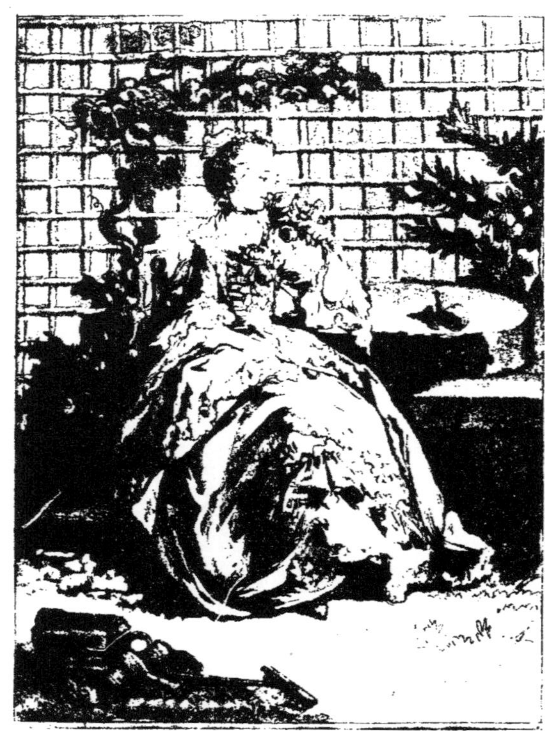

N° 214.

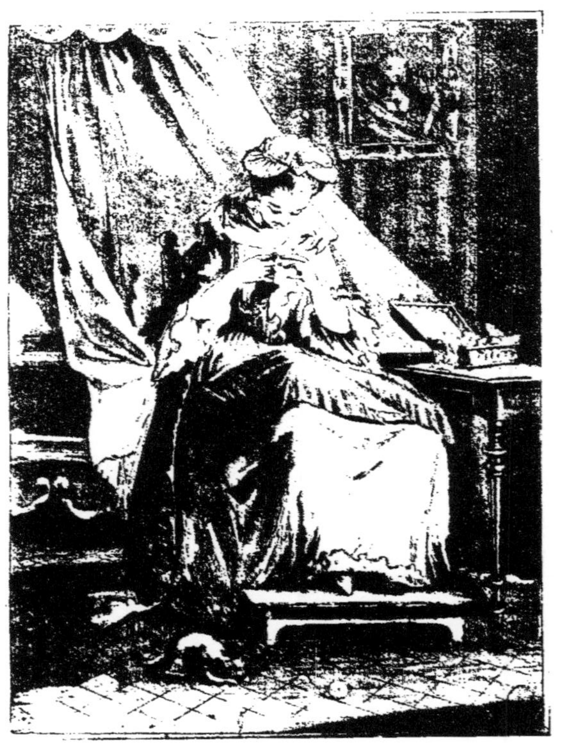

N° 215.

LANCRET (d'après Nic.)

164. — *L'Enfance. — La Jeunesse. — L'Adolescence. — La Vieillesse.*

Suite complète de quatre pièces, par N. de Larmessin, avec la première adresse. Petite marge.

165. — *La Belle Grecque*, par Schmidt.

Belle épreuve en noir.

166. — *Conversation galante*, par Le Bas.

Très belle épreuve, avant le nom de l'auteur. Petite marge. (Vente Valentin).

167. — *Veux-tu d'une inhumaine..... — D'un baiser que Tirsis..... — Trop indolent Tirsis..... — Que le cœur d'un amant.....*

Quatre pièces en noir, par Silvestre.

168. — *D'un baiser que Tirsis.....* par Silvestre.

Très belle épreuve. Petite marge. (Encadrée).

169. — *Le Midi*, par de Larmessin.

Belle épreuve, avec la première adresse, petite marge.

170. — *Les Deux Amis*, par de Larmessin.

Très belle épreuve, avec l'adresse de Buldet.

171. — *La Servante justifiée*, par de Larmessin.

Superbe épreuve avec la première adresse. Grande marge.

LARGILLIÈRE (d'après N. de)

172. — *Hélène Lambert*, par P. Drevet.

LAWREINCE (d'après Nic.)

173. — *Ah! laisse-moi donc voir*, par Janinet.

Très belle épreuve, **imprimée en couleurs.** Remargée. Cadre ancien.

174. — *L'Accident imprévu*, par Darcis.

Belle épreuve en couleur. Marge.

175-176. — *Le Billet doux.* — *Qu'en dit l'Abbé?*

Deux pièces par de Launay, faisant pendants. Marge.

177. — *Le Déjeuner*, par Soiron.

Très belle et rare épreuve en noir. Petite marge. (Vente Valentin).

178. — *Ecole de Danse*, par Dequevauviller.

Épreuve coloriée.

179. — *L'heureux moment*, par de Launay.

Très belle épreuve. Remargée.

180. — *L'Heureux moment*, par de Launay.

Belle épreuve rognée.

181. — *La Soubrette Confidente*, par Vidal.

Belle épreuve sans marge.

LE BARBIER (d'après)

182. — *Le Mouchoir*, par Macret.

Marge.

LEGRAND (Augustin)

183. — *La Prière*, d'après Julia Couyers.

Superbe épreuve imprimée en couleurs. Marge.

184. — *La Récompense.*

Belle épreuve imprimée en couleurs. Marge.

185. — *Le Bon jour*, d'après Julia Couyers.

Superbe épreuve imprimée en couleurs. Marge.

186. — *La Pénitence.*

Superbe épreuve imprimée en couleurs. Marge.

187. — *La Récréation.*

Superbe épreuve, imprimée en couleurs. Marge.

LEVACHEZ et RUOTTE

188. — *Louis XIV et Madame de la Vallière.*

Suite de huit pièces en couleurs, d'après H. Vernet. Marge.

MACRET (C.)

189. — *Les Prémices de l'Amour-propre*, d'après Gonzales.

Superbe epreuve ; très grande marge.

MARIN (Louis Bonnet)

190-191. — *The Woman taking Coffee. — The Milk woman.*

Deux pendants, superbes épreuves, **imprimées en couleurs**, avec leur encadrement rehaussé d'or. Marge.

192. — *The Woman taking coffee.*

Belle épreuve imprimée en couleurs, rognée à l'ovale.

193-194. — *L'Espoir d'un heureux jour. — Les Revers de la Fortune.*

Deux pendants **imprimés en couleurs.**

MOREAU L'AINÉ (d'après Louis)

195. — *Les Dangers de l'Escarpolette*, par Germain et Patas.

Belle épreuve avant la lettre. Marge.

MORLAND (d'après G.)

196-197. — *Industry. — Idleness.*

Deux estampes ovales, **imprimées en couleurs**. Rognées à l'ovale.

198. — *A Visit to the child at nurse*, par W. Ward.

Belle épreuve en couleurs. Marge. Cadre ancien.

199. — *A Visit to the boarding-school.*

Petite pièce ovale en réduction, sans nom d'artiste. Très belle épreuve.

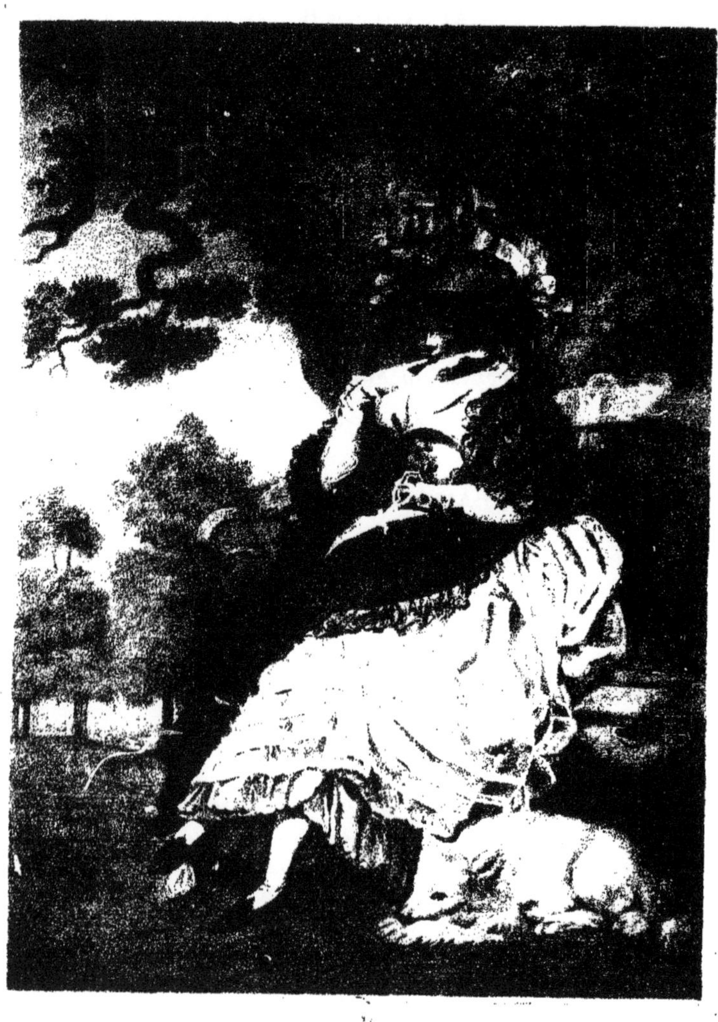

N° 222.

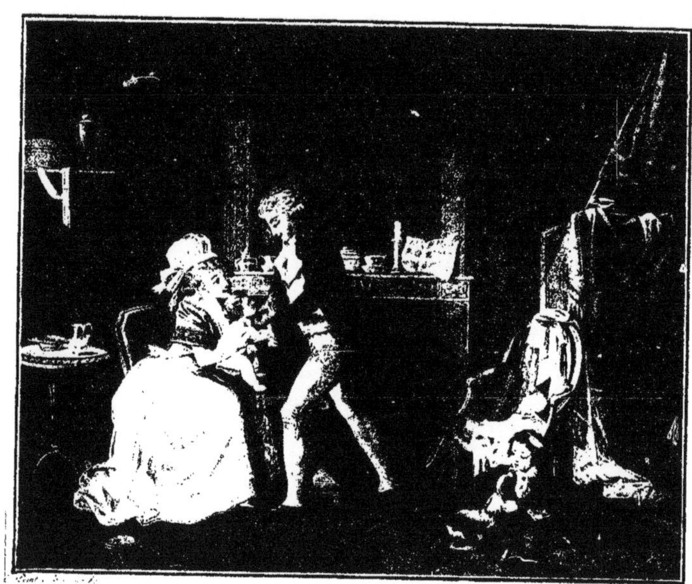

N° 227.

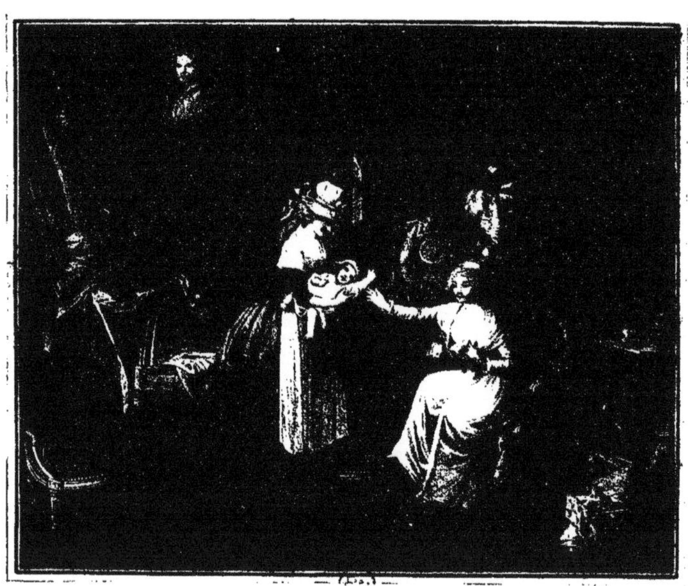

N° 228.

PAROY (Cte de)

200. — *Caverne de Brigands.*

Pièce imprimée en couleurs. Rognée.

PATER (d'après J.-B.)

201-202. — *Le Baiser donné. — Le Baiser rendu.*

Deux pendants en noir, par Fillœul.

PESNE (d'après Ant.)

203. — *Frédéric II, Roi de Prusse, Electeur de Brandebourg*, par Wille.

Marge.

PORTRAITS

204. — *Frederik-Guillaume, roi de Prusse. — Frederic, Electeur de Brandebourg. — Le Baron de Bielfeld.*

Trois portraits en noir, par B. Picart et Houbraken.

QUEVERDO (d'après)

205-206. — *La Jouissance. — Le Repos.*

Deux estampes faisant pendants. Epreuves avant la lettre.

REGNAULT (par et d'après)

207. — *Ah! s'il s'éveillait.*

En noir. Marge.

RÉVOLUTION FRANÇAISE (Pièces de la)

208-212. — Estampes satiriques, Caricatures, Vues de fêtes et cérémonies, portraits, etc., relatifs aux événements de la Révolution de 1789 à 1793.

Environ cent pièces en noir, en couleurs, ou coloriées. Belles épreuves en bon état de conservation. (Ce lot pourra être divisé).

REYNOLDS (d'après Sir J.)

213. — *Portrait de jeune femme en Ste Cécile.*

En couleurs.

SAINT-AUBIN (Aug. de)

214-215. — *L'Odorat. — La Vue.*

Deux estampes originales du Maitre, excessivement rares dans son œuvre. (E. B. 360-363).
Les épreuves, imprimées en bistre, sont avant toutes lettres. Marge.

SAYER (chez)

216. — *Frederic II, Roi de Prusse*, dessiné d'après nature, à Berlin, en 1778, par Chodowicki.

Marge.

217. — *La Perte irréparable.*

En noir. Marge.

SCHALL (d'après F.)

218-219. — *L'Amant surpris. — Les Espiègles.*

Deux pendants, par Descourtis. Superbes épreuves, **imprimées** en couleurs. Marge.

220. — *La Ruelle*, par Malapeau.

Belle épreuve, remargée.

SERGENT (par et d'après)

221. — *Il est trop tard...*

Très belle épreuve **imprimée en couleurs**. Remargée.

SMITH (par et d'après J.-R.)

222. — *What you will. — (Ce qui vous plaira.)*

Belle épreuve, **imprimée en couleurs** et rehaussée. Petite marge. Cadre ancien.

TAUNAY (d'après Nic.)

223. — *La Noce de Village*, par Descourtis.

Bonne épreuve **imprimée en couleurs**, du premier état avec la lettre, les armes et la dédicace.

224. — *Noce de Village*, par Descourtis.

Belle épreuve **imprimée en couleurs**. Petite marge.

225-226. — *Noce de Village. — Foire de Village.*

Deux petites pièces par Descourtis : réductions des grandes estampes des mêmes artistes.
Superbes épreuves, imprimées en bistre. Grande marge.

VANGORP (d'après)

227. — *Ah qu'il est joli*, par Malles.

Très belle épreuve, imprimée en couleurs. Marge.

228 — *Le Déjeûner de fanfan*, par Malles.

Superbe épreuve, imprimée en couleurs, **avant la lettre.** Marge.

VAN LOO (d'après C.)

229. — *La Belle Jardinière*, Portrait de la Marquise de Pompadour, par Anselin.

Superbe épreuve avec une très grande marge. Rare.

VERNET (Carle)

230. — *Les Chasses de la Duchesse de Berry.*

Suite compète de quatre lithographies originales en belles épreuves. Rares.

VERNET (d'après H.)

231-232. — *Grand-garde de Lanciers polonais. — Lanciers polonais en cantonnement.*

Deux pendants en noir par Debucourt.

VERNET (d'après J.)

233. — *Vue des Environs de Naples*, en noir par Duret.

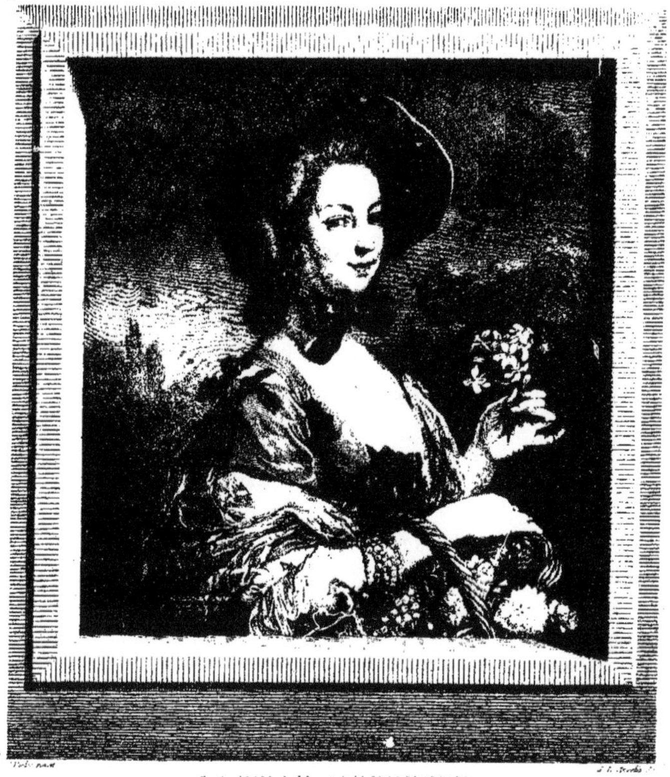

LA BELLE JARDINIERE Mde de Pompadour

Gravé d'après le Tableau Original qui étoit au Château de Bellevüe, et qui se trouve aujourd'hui en la possession de Mr Fontanel Associé Honoraire et garde des Desseins de l'Academie de Montpellier

A Paris chez Basan et Poignant rue et Hôtel Serpente

N° 229.

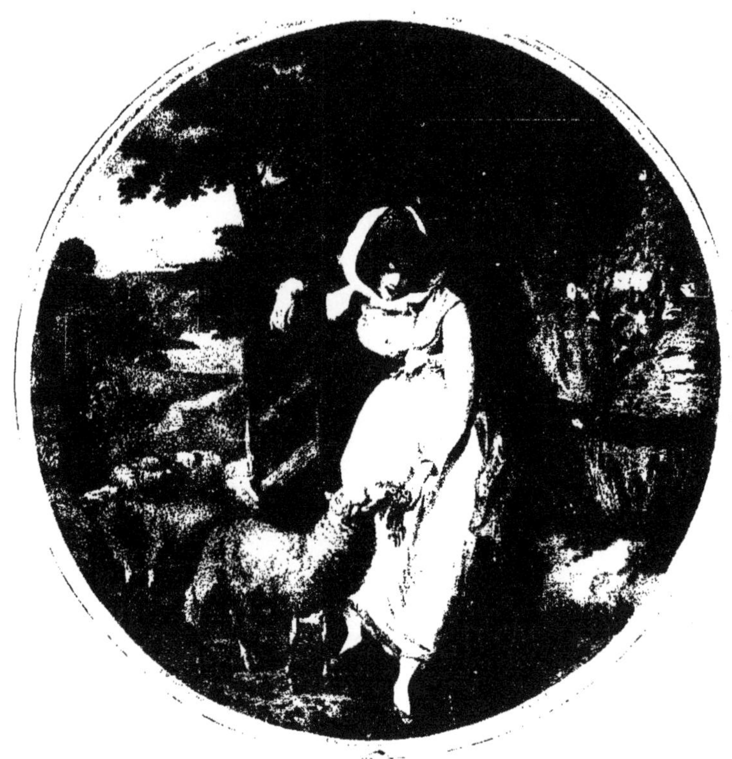

N° 237.

WATTEAU (d'après Ant.)

234. — *Fêtes Vénitiennes*, par L. Cars.

Epreuve rognée sur trois côtés.

235. — *L'Indifférent*, par G. Scotin.

Belle épreuve, petite marge. (Vente Valentin).

WESTALL (d'après)

236. — *Fishing party*, par Cornoroto.

Grande marge.

WHEATLEY (d'après F.)

237. — *Adelaïde*, par Hogg.

Très belle épreuve, **imprimée en couleurs**, marge. Cadre ancien.

238. — *Sujets rustiques*.

Deux estampes, **imprimées en couleurs**. Très belles épreuves rognées.

WILLE (d'après P. A.)

239. — *Le Bouton de rose*, par Voyez l'aîné.

Très belle épreuve **avant la lettre**, avec la tablette blanche. Petite marge.

240. — *La mère indulgente*, par Lempereur.

241. — *La Petite ouvrière.*

Superbe épreuve **avant toutes lettres**, grande marge. Cachet de collection.

WOFT (d'après)

242. — *The battle of La Hogue.*

Gravure coloriée.

WOLSTENHOLME (d'après)

243-244. — *Coursing. — Shooting.*

Deux pièces en couleurs, anglaises, par Himly. Marge.

245-247. — Sous ces numéros les estampes non cataloguées.

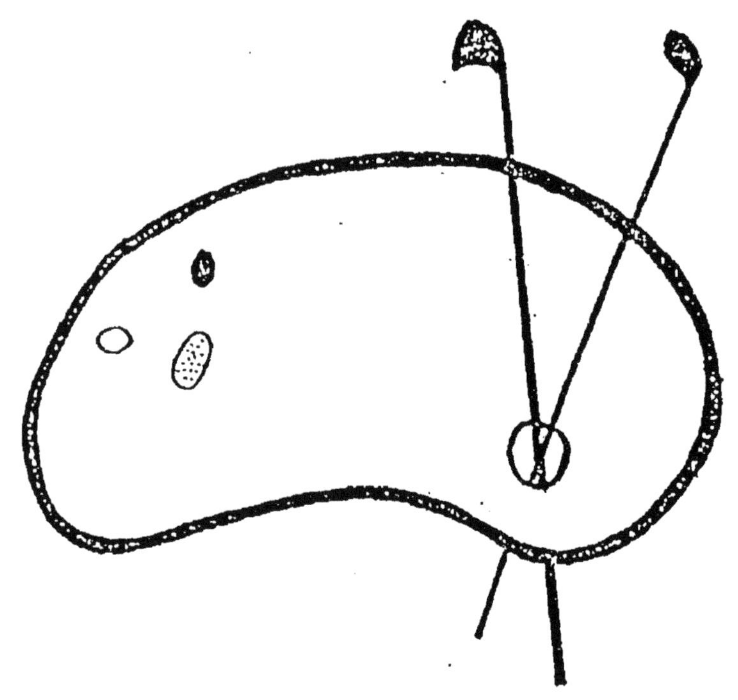

RED. :

20

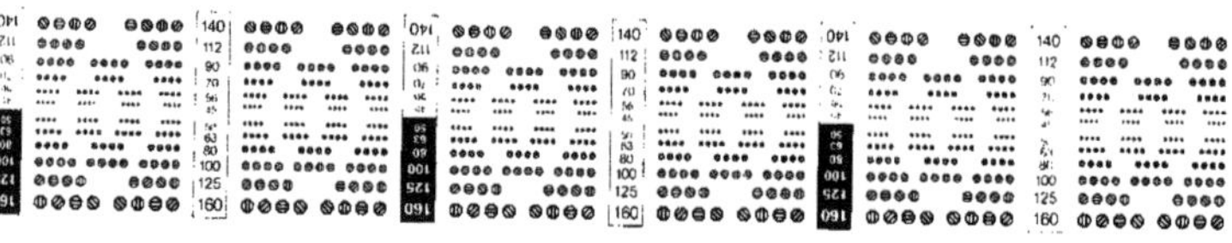

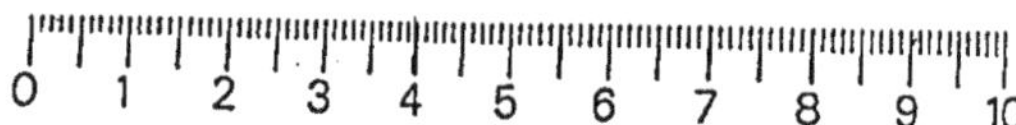

www.ingramcontent.com/pod-product-compliance
Ingram Content Group UK Ltd.
Pitfield, Milton Keynes, MK11 3LW, UK
UKHW022126260726
13993UKWH00003B/1259